Coloring Page Color Charts

by Anne Manera

Copyright © 2018 Anne Manera

All rights reserved. No part of this publication may be reproduced, stored in a retrieval system, or transmitted, in any form or by any means, electronic, mechanical, photocopying, recording or otherwise without written permission from the author.

Follow Anne Manera

Website / Blog –
www.annemanera.com

Amazon Author Page –
www.amazon.com/author/annemanera

Facebook –
www.facebook.com/annemanerascoloringbooks

Facebook Coloring Group-
www.facebook.com/groups/coloralongwithannemanera/

Facebook COLOR-ALONG Coloring Group –
www.facebook.com/groups/JustColorGroup

Twitter –
www.twitter.com/annemanera

Instagram –
www.instagram.com/anne.manera

100 Coloring Page Charts

Do you keep track of the colors you use while coloring a page from your favorite coloring book? These coloring page charts on the following pages will allow you to track the colors you are using while coloring and keep track of the name of the book and the artist.

Color Chart

Book _____

Artist _____

Product Name _____

Color Chart

Book _____

Artist _____

Product Name _____

Color Chart

Book _____

Artist _____

Product Name _____

Color Chart

Book _____

Artist _____

Product Name _____

Color Chart

Book _____

Artist _____

Product Name _____

Color Chart

Book _____

Artist _____

Product Name _____

Color Chart

Book _____

Artist _____

Product Name _____

Color Chart

Book _____

Artist _____

Product Name _____

Color Chart

Book _____

Artist _____

Product Name _____

Color Chart

Book _____

Artist _____

Product Name _____

Color Chart

Book _____

Artist _____

Product Name _____

Color Chart

Book _____

Artist _____

Product Name _____

Color Chart

Book _____

Artist _____

Product Name _____

Color Chart

Book _____

Artist _____

Product Name _____

Color Chart

Book _____

Artist _____

Product Name _____

Color Chart

Book _____

Artist _____

Product Name _____

Color Chart

Book _____

Artist _____

Product Name _____

Color Chart

Book _____

Artist _____

Product Name _____

Color Chart

Book _____

Artist _____

Product Name _____

Color Chart

Book _____

Artist _____

Product Name _____

Color Chart

Book _____

Artist _____

Product Name _____

Color Chart

Book _____

Artist _____

Product Name _____

Color Chart

Book _____

Artist _____

Product Name _____

Color Chart

Book _____

Artist _____

Product Name _____

Color Chart

Book _____

Artist _____

Product Name _____

Color Chart

Book _____

Artist _____

Product Name _____

Color Chart

Book _____

Artist _____

Product Name _____

Color Chart

Book _____

Artist _____

Product Name _____

Color Chart

Book _____

Artist _____

Product Name _____

Color Chart

Book _____

Artist _____

Product Name _____

Color Chart

Book _____

Artist _____

Product Name _____

Color Chart

Book _____

Artist _____

Product Name _____

Color Chart

Book _____

Artist _____

Product Name _____

Color Chart

Book _____

Artist _____

Product Name _____

Color Chart

Book _____

Artist _____

Product Name _____

Color Chart

Book _____

Artist _____

Product Name _____

Color Chart

Book _____

Artist _____

Product Name _____

Color Chart

Book _____

Artist _____

Product Name _____

Color Chart

Book _____

Artist _____

Product Name _____

Color Chart

Book _____

Artist _____

Product Name _____

Color Chart

Book _____

Artist _____

Product Name _____

Color Chart

Book _____

Artist _____

Product Name _____

Color Chart

Book _____

Artist _____

Product Name _____

Color Chart

Book _____

Artist _____

Product Name _____

Color Chart

Book _____

Artist _____

Product Name _____

Color Chart

Book _____

Artist _____

Product Name _____

Color Chart

Book _____

Artist _____

Product Name _____

Color Chart

Book _____

Artist _____

Product Name _____

Color Chart

Book _____

Artist _____

Product Name _____

Color Chart

Book _____

Artist _____

Product Name _____

Color Chart

Book _____

Artist _____

Product Name _____

Color Chart

Book _____

Artist _____

Product Name _____

Color Chart

Book _____

Artist _____

Product Name _____

Color Chart

Book _____

Artist _____

Product Name _____

Color Chart

Book _____

Artist _____

Product Name _____

Color Chart

Book _____

Artist _____

Product Name _____

Color Chart

Book _____

Artist _____

Product Name _____

Color Chart

Book _____

Artist _____

Product Name _____

Color Chart

Book _____

Artist _____

Product Name _____

Color Chart

Book _____

Artist _____

Product Name _____

Color Chart

Book _____

Artist _____

Product Name _____

Color Chart

Book _____

Artist _____

Product Name _____

Color Chart

Book _____

Artist _____

Product Name _____

Color Chart

Book _____

Artist _____

Product Name _____

Color Chart

Book _____

Artist _____

Product Name _____

Color Chart

Book _____

Artist _____

Product Name _____

Color Chart

Book _____

Artist _____

Product Name _____

Color Chart

Book _____

Artist _____

Product Name _____

Color Chart

Book _____

Artist _____

Product Name _____

Color Chart

Book _____

Artist _____

Product Name _____

Color Chart

Book _____

Artist _____

Product Name _____

Color Chart

Book _____

Artist _____

Product Name _____

Color Chart

Book _____

Artist _____

Product Name _____

Color Chart

Book _____

Artist _____

Product Name _____

Color Chart

Book _____

Artist _____

Product Name _____

Color Chart

Book _____

Artist _____

Product Name _____

Color Chart

Book _____

Artist _____

Product Name _____

Color Chart

Book _____

Artist _____

Product Name _____

Color Chart

Book _____

Artist _____

Product Name _____

Color Chart

Book _____

Artist _____

Product Name _____

Color Chart

Book _____

Artist _____

Product Name _____

Color Chart

Book _____

Artist _____

Product Name _____

Color Chart

Book _____

Artist _____

Product Name _____

Color Chart

Book _____

Artist _____

Product Name _____

Color Chart

Book _____

Artist _____

Product Name _____

Color Chart

Book _____

Artist _____

Product Name _____

Color Chart

Book _____

Artist _____

Product Name _____

Color Chart

Book _____

Artist _____

Product Name _____

Color Chart

Book _____

Artist _____

Product Name _____

Color Chart

Book _____

Artist _____

Product Name _____

Color Chart

Book _____

Artist _____

Product Name _____

Color Chart

Book _____

Artist _____

Product Name _____

Color Chart

Book _____

Artist _____

Product Name _____

Color Chart

Book _____

Artist _____

Product Name _____

Color Chart

Book _____

Artist _____

Product Name _____

Color Chart

Book _____

Artist _____

Product Name _____

Color Chart

Book _____

Artist _____

Product Name _____

Color Chart

Book _____

Artist _____

Product Name _____

Color Chart

Book _____

Artist _____

Product Name _____

Color Chart

Book _____

Artist _____

Product Name _____

Printed in Poland
by Amazon Fulfillment
Poland Sp. z o.o., Wrocław